SAMUEL MURGEL BRANCO

Passeio por dentro da Terra

Ilustrações: Weberson Santiago

3ª edição reformulada
São Paulo, 2011

MODERNA

© SAMUEL MURGEL BRANCO, 2011
2ª edição, 2002
1ª edição, 1994

COORDENAÇÃO EDITORIAL: Lisabeth Bansi
ASSISTÊNCIA EDITORIAL: Paula Coelho
COORDENAÇÃO DE PRODUÇÃO GRÁFICA: Dalva Fumiko N. Muramatsu
COORDENAÇÃO DE EDIÇÃO DE ARTE: Camila Fiorenza
PROJETO GRÁFICO: Camila Fiorenza
DIAGRAMAÇÃO: Cristina Uetake
ILUSTRAÇÕES: Weberson Santiago
ASSISTENTES DE ILUSTRAÇÃO: Bernardo França, Leonardo Maciel
COORDENAÇÃO DE REVISÃO: Elaine Cristina del Nero
REVISÃO: Fernanda Marcelino
COORDENAÇÃO DE *BUREAU*: Américo Jesus
PRÉ-IMPRESSÃO: Helio P. de Souza Filho, Marcio Hideyuki Kamoto
COORDENAÇÃO DE PRODUÇÃO INDUSTRIAL: Wilson Aparecido Troque
IMPRESSÃO E ACABAMENTO: Gráfica Elyon
LOTE: 751413

Equipe técnica do ISMB (Instituto Samuel Murgel Branco) responsável pela revisão desta 3ª edição: Mercia Regina Domingues Moretto, Maria Augusta Cabral de Oliveira, Fábio Cardinale Branco, Rosana Filomena Vazoller

Coordenação Administrativa (Instituto Samuel Murgel Branco): Vera Lúcia Martins Gomes de Souza, Célia Massako Onishi

Dados Internacionais de Catalogação na Publicação (CIP)
(Câmara Brasileira do Livro, SP, Brasil)

Branco, Samuel Murgel, 1930-2003.
  Passeio por dentro da Terra / Samuel Murgel
Branco ; ilustrações de Weberson Santiago. —
3. ed. — São Paulo : Moderna, 2011. —
(Coleção Viramundo)

ISBN 978-85-16-07181-3

1. Centro da Terra — Literatura infantojuvenil
I. Título. II. Série.

11-00471   CDD-028.5

Índices para catálogo sistemático:
1. Centro da Terra : Literatura infantil   028.5
2. Centro da Terra : Literatura infantojuvenil   028.5

Reprodução proibida. Art. 184 do Código Penal e Lei 9.610 de 19 de fevereiro de 1998.

Todos os direitos reservados
EDITORA MODERNA LTDA.
Rua Padre Adelino, 758 - Belenzinho
São Paulo - SP - Brasil - CEP 03303-904
Vendas e Atendimento: Tel. (11) 2790-1300
Fax (11) 2790-1501
www.modernaliteratura.com.br
2022
Impresso no Brasil

UM PASSEIO IMAGINÁRIO

Você já pensou em fazer um passeio até o centro da Terra? Claro que isso não é possível, pois ali o calor é tão forte que até as rochas ficam amolecidas. Em vez das pedras duras que encontramos aqui na superfície, lá elas formam uma espécie de mingau que ferve o tempo todo e que, de vez em quando, é espirrado pelos vulcões.

Mas você pode fazer esse passeio na sua imaginação, procurando saber, por meio de livros, como é o interior da Terra e como ele pode interferir na parte externa que todos conhecem.

Pois foi isso o que Carolina e Henrique fizeram, em um fim de semana, com a ajuda de seu avô. E tiveram grandes surpresas, por exemplo, ao descobrir que o interior da Terra está em constante movimento, o qual faz surgir as montanhas, os vulcões, os terremotos e chega até a deslocar continentes!

Lendo este livro, você também vai participar desse passeio imaginário e conhecer as mesmas coisas que Carolina e Henrique aprenderam com o vovô Samuel! Vai ser uma experiência fascinante!

UMA LIÇÃO NA AREIA

Você sabia?

A luz do Sol é importante para o nosso corpo, pois ativa a produção de vitamina D, necessária para a saúde dos ossos e da pele. No entanto, o excesso de exposição ao Sol pode ser prejudicial à pele, provocando queimaduras, envelhecimento precoce, rugas, manchas, perda da elasticidade, e até câncer.

Henrique e Carolina estavam se divertindo há mais de uma hora, na praia, construindo montanhas, vulcões, rios e ilhas de areia. O calor não estava forte, pois era mês de maio, época em que o Sol não esquenta muito às dez horas da manhã. Ao lado, em uma cadeira de armar, o avô lia um livro. A leitura parecia muito interessante, pois ele nem percebeu que a maré estava subindo e logo iria atingir as roupas e os objetos espalhados pelo chão.

De repente, aconteceu o que ninguém esperava. Uma onda mais forte avançou pela praia, espumando, e "lambeu" os pés do avô que estava distraído, carregando seus chinelos. Mas o pior é que a onda atingiu parte das construções das crianças, invadindo e destruindo morros, vales, lagos e transformando tudo novamente em uma simples planície de areia.

Henrique não se conteve e desabafou insatisfeito:

— Caramba! Depois de tanto trabalho, vem essa onda e desmancha tudo o que levamos horas para construir.

O avô, preocupado em levar a cadeira para mais longe e recolher os chinelos, as roupas e os brinquedos das crianças, nem prestou atenção na "catástrofe" que aborrecia os netos. Ele procurou um lugar mais seguro e seco para colocar as coisas. Só se deu conta do problema das crianças quando viu uma segunda onda, mais forte que a primeira, completar a destruição, nivelando o terreno. Onde antes havia alguns tipos de **relevo** — que Carolina tinha aprendido na escola e construído com a ajuda do irmão —, agora só restava uma superfície plana de areia.

— É... vocês não levaram em conta uma lição de geografia que é muito importante: as marés! — disse o avô.

— Eu sei o que é maré... — adiantou Carolina. — É a subida e a descida do mar todos os dias. Tem horas que o mar está lá embaixo e a praia fica bem larga; e tem horas que o mar bate até no barranco. Agora, a maré está subindo!

— Muito bem — concordou o avô. — Mas você sabe por que o mar às vezes está mais alto e às vezes mais baixo?

— Não... isso eu não sei.

— É por causa da atração da Lua. Por isso é que, a cada dia, a hora da maré varia um pouco. Quando é Lua cheia ou nova, a maré está bem alta por volta das duas horas, mas, quando é quarto minguante ou quarto crescente, ocorre o contrário: às duas horas ela está bem baixa!

— Duas horas da tarde ou da manhã? — perguntou Henrique.

— Tanto faz, pois a maré sobe duas vezes por dia.

Carolina estava um pouco desapontada:

— A maré desmanchou tudo! E eu tenho prova na segunda-feira.

— Como assim? Não estou entendendo — disse o avô.

relevo terrestre

são as formas da superfície do planeta, como montanhas, planaltos, planícies, morros, depressões e vales. Ele é determinado tanto por movimentos da crosta terrestre (como o vulcanismo, por exemplo) como pela ação do vento, da água e do gelo.

— Eu tinha construído montanhas, vales, rios, ilhas... para depois você me dizer se estava certo. Aí veio a água e acabou com a minha ideia.

O avô sorriu, com pena.

— Nem tudo está perdido. Você acaba de ter uma lição viva de como a natureza age para formar a superfície do nosso planeta Terra!

— Como assim? — indagou Carolina, interessada.

Henrique aproximou-se todo animado, prevendo uma daquelas explicações que o avô costumava dar, como se estivesse contando uma história.

— Conte, vovô. Como é que a natureza forma tudo isso que Carolina construiu na areia e que eu ajudei a fazer?

Depois de arrumar novamente sua cadeira num lugar a salvo da maré alta, vovô começou uma verdadeira aula de geografia:

Você sabia?

As mudanças na superfície da Terra ocorrem muito lentamente. Neste momento elas estão acontecendo, mas não podemos percebê-las. Alguns tipos de alteração no relevo, no entanto, podem ocorrer de forma rápida, como a formação de um cone vulcânico, durante uma erupção.

— Em primeiro lugar, é preciso compreender o que a onda acaba de ensinar.

— Ensinar?! O que a onda fez foi destruir toda a minha lição! Isso é bem diferente de ensinar!

O avô riu. Carolina estava mesmo indignada. Depois de pensar um pouco sobre a explicação que ia dar, ele rebateu:

— Aí é que você se engana! A onda, na verdade, completou sua lição. E ensinou uma coisa muito importante, que nem todos percebem: a Terra não é uma coisa parada, sem movimento, sem mudanças. Na verdade, o que hoje é um morro daqui a milhões de anos poderá vir a ser uma planície, um chão liso e plano como essa areia.

— Milhões de anos?! — exclamou Henrique, assustado. — É muito tempo, vovô... mais do que a sua idade!

— Sim, muito mais — riu o avô. — Se você fosse fazer um bolo de aniversário para um milhão de anos, precisaria de um caminhão só para carregar as velinhas! Mas isso não é nada para a Terra. Ela tem mais ou menos quatro bilhões de anos de idade!

Henrique arregalou os olhos e desatou a fazer perguntas. Mas Carolina o interrompeu, impaciente:

— Você disse que a Terra não é uma coisa parada... mas isso eu já sei. Eu aprendi que a Terra tem um movimento de rotação e o outro... não me lembro.

O avô ajudou:

— Um movimento de *rotação*, em torno de si mesma, como se fosse um pião. O outro movimento é o de *translação*, que é feito ao redor do Sol. Mas não é só desses movimentos que eu estou falando. Também existem os movimentos dentro da própria Terra ou na sua superfície...

— Como as ondas do mar... — arriscou Henrique.

— Sim — concordou o avô. — As ondas e as correntes marinhas, os ventos, as chuvas e também os movimentos dentro da própria Terra que está embaixo dos nossos pés.

— Terremotos e *tsunamis*! — exclamou o menino.

Carolina protestou:

— Ah... mas isso não acontece todo o tempo, como as ondas do mar.

— Você tem razão, Carolina. Os terremotos e os *tsunamis* não são movimentos constantes... eles só acontecem de vez em quando. Mas eles existem por causa dos constantes movimentos dentro da Terra — explicou o avô...

— Como assim? Não entendi.

— Calma... vamos ver uma coisa de cada vez.

As crianças, que ainda estavam em pé, sentaram-se na areia para ouvir a explicação.

Você sabia?

Os oceanos apresentam diferentes correntes marinhas (frias e quentes) que transportam calor e nutrientes que influenciam diretamente na pesca. As correntes marinhas interferem no clima litorâneo e na vida marinha das regiões por onde passam.

MOVIMENTOS POR DENTRO DA TERRA

Você sabia?
Para melhor entender o planeta Terra, costuma-se dividi-lo em partes, dependendo do que será estudado; por exemplo, a atmosfera (ar), a hidrosfera (rios, lagos, águas subterrâneas e geleiras), a biosfera (conjunto dos seres vivos) e a litosfera (superfície rochosa).

Vovô Samuel, para explicar melhor, fez a seguinte comparação:

— A Terra é como se fosse um grande ovo cozido.

— Como assim? — estranharam as crianças.

— Se vocês cortarem um ovo cozido ao meio, verão que ele é formado por três camadas. Uma camadinha dura, por fora, que é a casca; depois, uma camada branca e meio gelatinosa, que é a clara; e, por fim, uma bolinha amarela, no centro, que é...

— A gema! — exclamaram os dois ao mesmo tempo.

— Pois bem... se a Terra pudesse ser cortada ao meio, apresentaria esse mesmo arranjo em camadas: uma casquinha fina, chamada de crosta, e que é muito dura; uma camada grossa, mais abaixo e menos dura, chamada manto; e uma bola no centro, o núcleo.

— E de que são feitas essas camadas? — perguntou Carolina.

— De rochas ou pedras. Nós só conhecemos a crosta, que corresponde à casca do ovo. Essa crosta é formada de pedras muito duras, como podemos ver nas encostas dos morros, e de terra ou solo, que é onde se fixam as raízes das plantas. Por baixo do solo está o subsolo.

— E a gente pode ver essas partes? — perguntou Henrique, curioso.

— Sim! Nós podemos vê-las todos os dias! Quando vocês estiverem na estrada, voltando para casa, procurem observar os barrancos cortados pela pista. No alto de alguns deles, vocês vão observar uma terra mais escura, onde cresce o capim e as árvores: esse é o solo. Abaixo desse solo, há uma porção mais profunda, de cor avermelhada, que é o subsolo. Finalmente, por baixo de tudo, vocês verão uma porção de pedras soltas, como se estivessem desmanchando, e depois a rocha dura, de onde é extraído o *granito*...

— E embaixo dessa rocha, o que vem? — quis saber o menino.

— Pois é aí que começa a segunda camada da Terra, o manto, mas só depois de uns trinta quilômetros de profundidade.

— Então, essa "casquinha" que você falou tem trinta quilômetros de espessura? — perguntou Carolina, espantada.

— Sim, mas isso não é nada em comparação com a profundidade da Terra. Da superfície até o centro, ela possui mais de seis mil quilômetros! Portanto, a crosta é mesmo uma casquinha.

— E o manto, vovô? — quis saber Carolina.

— Nessa camada a Terra é muito quente, e as rochas do manto estão meio amolecidas pelo calor. É como se fosse o doce de leite que sua avó faz: enquanto está quente, é mole; depois que esfria, endurece. Por último, depois do manto, vem o núcleo, que, apesar de ser formado quase que de ferro puro, é ainda mais mole, pois a temperatura é muito maior. Só bem no centro ele é mais duro, por causa da pressão altíssima!

granito

o granito é um tipo de rocha formada por lava resfriada e endurecida. Dependendo da sua composição e aparência estética pode ser um recurso mineral valioso por ser utilizado como rocha polidora; na construção de edifícios e pavimentos; na fabricação de peças decorativas, como tampos de pia e no revestimento de escadas.

Henrique arregalou os olhos:

— Quer dizer que se eu colocar uma pedra no fogo ela amolece?

O avô sorriu:

— Não. Seria preciso um calor muito mais forte: cerca de mil graus Celsius, e isso você não consegue com o fogo comum. Só em fornos especiais.

— E dentro da Terra é tão quente assim? — perguntou Carolina.

— Sim. No núcleo da Terra, que corresponde à gema do ovo, a temperatura é de quatro a cinco mil graus Celsius. Por isso, tudo o que vem de suas profundezas é quente: a água mineral que brota em alguns lugares; o material que sai dos vulcões... bem, mas depois eu falo sobre isso. Agora vamos entender como são os movimentos dentro da Terra.

Carolina ficou pensativa. Não compreendia a questão dos movimentos:

— É isso que eu ainda não entendi. Você disse que a Terra tem movimentos por dentro. Como pode ser isso? Ela é viva?

O avô pensou um pouco, procurando um modo bem simples de explicar:

— A Terra é como um grande caldeirão de mingau, que forma uma casquinha dura na superfície, como se fosse uma nata. Por dentro, as rochas muito quentes se movimentam, da mesma forma que um mingau bem grosso, quando está no fogo. Forma-se uma espécie de correnteza por dentro, de modo que nada fica parado. Só que o movimento dessas correntes é muito lento: apenas alguns centímetros por ano, pois o mingau de pedras, chamado de magma, é muito mais grosso do que aquele feito em casa.

— Ah! Agora comecei a entender — disse Carolina. — Esse movimento do mingau de pedra, lá dentro, empurra a casquinha, a "nata", que fica em cima!

Você sabia?

O Pico da Neblina e o Pico 31 de Março, localizados no Estado do Amazonas, são as duas montanhas mais altas do Brasil, com quase 3.000 metros de altitude cada uma.

— Isso mesmo! — concordou o avô. — Essa casquinha, que é a crosta (a casca do ovo), fica boiando em cima do manto (a clara do ovo). Quando enruga, forma montanhas; quando fura, forma vulcões; quando rasga, forma os mares e oceanos. Esses enrugamentos, furos e outros movimentos da crosta vêm do movimento do magma, ou mingau de pedras, no manto, lá embaixo!

— Bem... — disse Carolina, pensativa. — Então é uma casca toda irregular, com e buracos enormes, cheios de água, que são os oceanos. E esses pedaços de casca ficam boiando em cima do mingau de pedras.

— É mais ou menos assim — concluiu o avô. — A crosta boia em cima do manto. E esses movimentos não param nunca.

— Quer dizer que podemos ver uma enorme montanha aparecer de uma hora para outra? — perguntou Henrique.

— Não é de uma hora para outra — explicou o avô. — Como eu disse, os movimentos são muito lentos. O manto caminha a uma velocidade de poucos centímetros por ano e isso pode provocar uma ruga, num ponto mais fraco da crosta, formando uma montanha. Mas até ela atingir centenas ou milhares de metros de altura são necessários milhões de anos!

— Sim — disse Carolina —, mas, se a Terra já tem muitos e muitos milhões de anos, então as montanhas deveriam atingir as nuvens.

O avô exclamou, surpreso:

— Você está raciocinando bem, menina!

— E agora, vovô? A Carolina confundiu você! — disse Henrique.

O avô sorriu:

— Bem, há uma explicação para quase tudo! A natureza tem uma porção de truques para manter o seu equilíbrio, que nós demoramos muito tempo para descobrir. Ela tem um caminho próprio, garantindo a sua própria reconstrução. É uma forma de reciclagem.

— Que quer dizer isso? — perguntaram as crianças.

— Tudo o que é criado pela natureza é modificado, às vezes destruído e feito de novo. Isso também acontece com as montanhas. Elas sofrem, aos poucos, desgastes pela ação das chuvas e dos ventos. Isso se chama erosão.

A FORÇA DA TERRA

Você sabia?
O homem também é um agente causador de erosão. Ao remover a cobertura vegetal do solo para fazer construções, podem ser desencadeados deslizamentos de morros e encostas, soterramentos de casas e pessoas.

Ao longe, na ponta da praia, onde vovô Samuel e as duas crianças estavam, via-se um morro, com o seu costão de pedras, e as ondas do mar continuamente batendo contra ele. Henrique, olhando para aquelas rochas firmes, que ele sempre via do mesmo jeito, balançou a cabeça em dúvida:

— Vovô, mas será que a água e o vento gastam mesmo aquelas pedras duras?

— Sim, você nunca ouviu dizer que "água mole em pedra dura tanto bate até que fura"?

— Ah! Mas isso acontece nas cachoeiras... onde a água bate com força!

O avô sorriu com a esperteza do neto. E continuou.

— A água também pode destruir lentamente as pedras. A água da chuva, por exemplo, que é um pouco ácida, vai corroendo as pedras e formando buraquinhos. Com isso, elas vão, aos poucos, se desmanchando e se transformam em areia e terra.

— É assim, então, que é formado o solo, onde as árvores crescem? — perguntou Carolina.

— Sim. E onde tem árvores, arbustos e mato, a terra fica firme, porque as raízes seguram. Mas onde não há vegetação, a terra e a areia se desmancham, quando vem a chuva, e são arrastadas para baixo, onde se espalham, enchendo os buracos, os vales, e formando as planícies.

— É desse jeito que se forma a areia da praia, vovô? — perguntou Henrique, surpreso.

— Isso mesmo. Essa areia veio daquelas montanhas que você vê lá longe, carregada pelas águas da chuva e do mar. Como eu já disse, as ondas do mar, batendo constantemente nas pedras dos morros, também vão fazendo com que elas se desgastem, transformando-as em areia. E o vento ajuda a espalhar tudo. É ele que forma as dunas, aqueles montes de areia que existem beirando algumas praias.

— Puxa, vovô! — exclamou Carolina, contente. — Só com essa história você já explicou várias coisas: como surgem as montanhas, as planícies, as dunas...

Vovô sorriu:

— E muito mais coisas podem ser explicadas a partir daí. O importante é vocês saberem que tudo isso leva muito tempo e é resultado de duas poderosas forças em constante movimento. Uma força que age dentro da Terra, produzindo levantamentos, enrugamentos e até a saída de rochas derretidas, através dos vulcões. E outra que age por fora da Terra, de forma lenta e contínua, desgastando, espalhando, igualando a superfície ou cavando sulcos e vales pela ação das águas.

Henrique ainda não estava satisfeito:

— É..., mas você ainda não falou dos terremotos e dos *tsunamis*!

Você sabia?

Ao longo da costa brasileira, em especial no nordeste, existem muitas dunas (do Estado da Bahia ao Estado do Maranhão). Embora poucos animais vivam nesse ambiente, a vegetação nativa é de plantas rasteiras que possuem um papel importante na formação e fixação das dunas.

Você sabia?

Os terremotos são causados por acomodações bruscas na crosta terrestre. Quando acontecem sob o oceano, podem gerar ondas gigantescas, que, às vezes, arrasam as regiões litorâneas. Embora diminuam muito de intensidade após percorrerem longas distâncias, essas ondas podem atravessar todo o globo em questão de dias. É comum que marégrafos (instrumentos que registram o movimento das marés) registrem a ocorrência desses fenômenos nas costas de todo o mundo.

— Ah! Mas isso é muito simples! Pense nas forças que existem no interior da Terra e que provocam o levantamento de grandes montanhas e cordilheiras. Você acha que esse levantamento é sempre calmo, sem nenhum desmoronamento lá por dentro da Terra?

O menino entendeu logo:

— É verdade. Quando estou brincando de empilhar cubos, com todo o cuidado, sempre cai algum ou fica um espaço vazio no meio.

— E quando você faz uma pilha grande e fica um espaço vazio no meio de todos os cubos, o que acontece?

O menino explicou:

— Uma peça menor pode entrar nesse buraco, e aí fica tudo bem.

O avô riu satisfeito:

— Isso mesmo. As coisas na natureza também se acomodam. No interior da Terra, onde há movimentos contínuos, sempre existem algumas acomodações. Elas são acompanhadas de sacudidelas, que,

aqui em cima, sentimos como tremores de terra. Em geral eles ocorrem com muito mais frequência junto às grandes montanhas.

— É por isso que no Brasil não há terremotos? — perguntou Carolina. — Por que não temos grandes cordilheiras?

— Sim — respondeu o avô. — Aqui podem ocorrer alguns tremores, devido a acomodações pequenas, mas nunca terremotos que causam mortes, destroem pontes, casas e edifícios, como acontece no Peru ou no Chile, países que estão muito perto da Cordilheira dos Andes.

— E os *tsunamis*? — lembrou Henrique.

— Os *tsunamis* são gigantescas ondas solitárias que se formam nos oceanos após um terremoto em suas profundezas. Esse terremoto provoca uma avalanche de lama e pedras, que movimenta a água com grande força. Mas não são comuns os *tsunamis* gigantescos, como o que aconteceu no Japão no início de 2011. A maioria deles é tão fraca que ninguém percebe que se trata de um *tsunami*.

OS CONTINENTES EM MOVIMENTO

Carolina ficou pensativa por algum tempo. Depois comentou:

— Interessante, vovô... a Terra parece mesmo uma coisa viva, com todos esses movimentos por dentro e por fora. Não é só o vento, as ondas do mar e a água dos rios que estão sempre correndo. Lá dentro da Terra também existem correntezas, só que de rochas derretidas!

— É verdade — concordou o avô. — Só que as rochas derretidas não são líquidas como a água. Por isso, essas correntezas subterrâneas são muito lentas. Mesmo assim, são elas que empurram essa "casquinha de ovo" sobre a qual vivemos, fazendo com que ela se movimente em todas as direções.

— Mas essa "casquinha" não é onde estão os continentes? E eles chegam a se mover? Eles andam de um lado para o outro? — arriscou Carolina, com um pouco de dúvida.

Henrique achou engraçado:

— Será, Carolina? Você acha que a Terra, onde nós estamos, com suas cidades, prédios e árvores, pode estar boiando na água do mar, como se fosse um barco?!

Vovô continuou a explicar:

— Mas é isso mesmo o que acontece. Os continentes estão boiando... Não em cima da água, como um barco no mar, mas eles deslizam sobre o manto, como se fosse uma "nata" boiando sobre as correntezas de rocha quente.

Você sabia?
A Antártica é o continente localizado ao redor do polo Sul e, por isso, está quase totalmente coberta por enormes geleiras. Ela é considerada um deserto frio, pois a umidade relativa do ar e as temperaturas são baixíssimas (no verão, na costa faz cerca de -10 °C, e no interior do continente faz cerca de -40 °C).

— É assim mesmo? — perguntaram ambas as crianças admiradas e meio incrédulas. — Os continentes não estão fixos, cada um em seu lugar, como mostram os mapas do mundo?

— Não, nada é fixo e permanente! — respondeu o avô, rindo da surpresa dos dois. — Só que as mudanças de posição não ocorrem em alguns anos ou séculos e sim em milhares e milhões de anos. Por isso não podemos percebê-las. Como eu disse, o movimento do manto é de poucos centímetros por ano! Por isso, os mapas feitos há cem ou duzentos anos são iguais aos de hoje. Nesse tempo, os continentes só se movimentaram alguns metros, e isso não aparece num mapa!

Carolina ainda não conseguia entender do que o avô estava falando. Então perguntou:

— Você quer dizer que o nosso continente, a América, já esteve mais perto do continente africano, por exemplo?

— Mais do que isso: esteve colado no continente africano! — respondeu vovô, para espanto cada vez maior dos netos.

— Vocês nunca repararam como a América do Sul parece ter sido recortada da África?

Você sabia?
Pangeia foi um supercontinente que existiu há centenas de milhões de anos; reunia todos os atuais continentes em um só. Possuía uma forma aproximada de C e, como era extremamente grande, o clima da Terra durante a sua existência foi muito quente e seco, não havia gelo nos polos. Da fragmentação desses dois continentes tiveram origem os continentes atuais.

30

— Já reparei, sim — disse a menina. — Parecem duas peças de um quebra-cabeça.

— Pois é. Isso acontece porque, de fato, os dois continentes já estiveram juntos, formando uma só "peça". Essa peça se rasgou em duas partes, que vêm se separando lentamente uma da outra. Aliás, todos os continentes já foram um único bloco, que, depois, se separou em vários pedaços.

Henrique estava cada vez mais surpreso:

— Essa é boa! Eu nem sabia que a gente está sempre viajando em cima de uma jangada de pedras.

O avô riu da surpresa do menino:

— É verdade. Nós todos viajamos nessa jangada, que é a América do Sul, a uma velocidade que corresponde a poucos centímetros por ano! Essa é uma prova de que tudo, na Terra, está em constante movimento!

Nessa altura, o avô interrompeu suas explicações, pois se lembrou de uma coisa muito importante:

— Muito bem, crianças, a conversa está boa, mas agora vamos dar um mergulho, porque está chegando a hora do almoço e a vovó está nos esperando com um delicioso peixe assado!

APRENDENDO SOBRE VULCÕES

No final da tarde, enquanto o vovô lia no terraço, sentado em sua cadeira de balanço, as crianças brincavam por ali. Carolina havia passado a tarde relendo suas lições de geografia e ficou surpresa, porque agora entendia tudo muito melhor. De repente, ela comentou com Henrique:

— Muito legal mesmo! Agora eu estou entendendo por que, no começo de toda a história, vovô falou que aquela onda que destruiu nossos morros de areia estava nos dando uma lição! Uma lição sobre as mudanças na natureza. Eu achava que nada mudava: um morro seria sempre um morro, uma ilha seria sempre uma ilha, um continente estaria sempre no mesmo lugar.

— É... — completou Henrique. — Eu pensava que a areia sempre tivesse sido areia. Nunca pensei que viesse das rochas, das montanhas ou do fundo da Terra.

Você sabia?

O Brasil apresenta ilhas tanto no oceano como em rios. As ilhas de Marajó (PA), Santa Catarina (SC) e Ilha Bela (SP) são exemplos de ilhas marítimas, próximas da costa, enquanto Trindade e Martim Vaz (alinhadas à costa do ES) são ilhas oceânicas isoladas. Como ilha fluvial, podemos citar a do Bananal (TO), circundada pelos rios Araguaia e Javaés.

O avô achou graça dos comentários e entrou na conversa:

— Pois é a pura verdade! Existem rochas que vêm do fundo da Terra. Algumas são empurradas para cima. Mas outras são espirradas ou derramadas em forma de lavas.

— Eu já aprendi o que é lava — adiantou Carolina. — São aquelas pedras derretidas que saem do vulcão!

— Ou de fendas no chão, como os derrames... — completou o avô. — Mas antes vou explicar o que são os vulcões.

— Oba! — exclamou Henrique, contente, pois ele gostava de tudo o que fosse barulhento, com fogo e fumaça.

— O vulcão é uma espécie de válvula de segurança, como a das panelas de pressão.

— Como assim? — perguntou Henrique.

— Repare numa panela de pressão no fogo. Quando a pressão interna é muito alta, ela deixa escapar o vapor pelo pino da tampa, fazendo aquele ruído *psssst*! Da mesma forma, quando a pressão debaixo do solo é muito grande, abre-se um buraco nas rochas, e a lava quente que estava acumulada é espirrada.

— E essa lava vem do centro da Terra? — indagou Carolina.

— Não. Não é bem do centro. Eu disse a vocês que as rochas do manto, aquela camada por baixo da crosta terrestre, estão meio derretidas pelo calor muito forte que existe lá dentro, como num grande caldeirão, em que estivéssemos fazendo um mingau ou um doce de leite bem grosso.

— Isso mesmo — ajudou Carolina. — E, por causa do calor, esse mingau de pedra fica circulando como se estivesse fervendo!

Você sabia?
O tempo de vida de um vulcão pode ser de alguns meses a milhões de anos. O Brasil não tem vulcões ativos, mas em eras passadas teve intensas atividades vulcânicas, especialmente no sul, nos estados de São Paulo, Paraná, Santa Catarina e Rio Grande do Sul.

— Perfeito — concluiu o avô. Além de ficar circulando, de vez em quando sobe uma bolha, lá do fundo, que vem estourar na superfície... *Puft!* Vocês podem ver isso quando a vovó está apurando um doce com a panela no fogo. Ou quando se tira mel de uma garrafa: forma-se uma bolha de ar que sobe, lentamente, e arrebenta na superfície. O vulcão também é assim. Algumas bolhas, formadas nas camadas mais profundas do manto, vêm para cima, parando junto da crosta. Essas bolhas, muito quentes, são mais leves do que o material que está em volta e sobem fazendo uma pressão enorme. De vez em quando a crosta se rompe e... *Puft!* A bolha espirra parte das rochas derretidas que estavam dentro dela.

— A pressão de dentro da Terra forma uma pequena elevação no terreno. Depois, a lava que sai vai se juntando até formar uma grande montanha com um buraco no meio, chamado *cratera*.

— E nunca para de sair lava? — perguntou Carolina.

— Para, sim. Depois que escapa toda a pressão daquela bolha, o vulcão para de lançar lavas. Com isso, a lava esfria dentro da cratera e se transforma numa rocha, formando uma espécie de tampão.

— Uma rolha! — exclamou Henrique.

— Sim — concordou o avô. — Uma rolha. Mas como o calor continua dentro da bolha que está por baixo, a pressão pode ir novamente aumentando, como na panela de pressão depois que a válvula deixa sair o vapor. Um dia a rolha é jogada para cima, como numa garrafa de champanha, e o vulcão entra novamente em erupção, isto é, em atividade.

— E isso acontece ainda hoje? — quis saber o menino.

— Sim! E apesar da violência, representa um dos mais belos espetáculos da natureza... visto de longe, naturalmente. Na última grande erupção do Vesúvio, um dos mais famosos vulcões da Itália, em 1944, os habitantes de toda a costa ao longo da Baía de Nápoles assistiram, durante vários dias, e principalmente à noite, a um verdadeiro espetáculo de fogos de artifício, com chamas, fagulhas e pedras incandescentes como brasas, lançadas aos céus e refletidas nas águas do mar...

Vovô mostrou-lhes algumas fotos dessa erupção, tiradas à noite.

Carolina quis saber mais sobre as lavas:

— Quer dizer que essa montanha que a gente vê nas fotos do Vesúvio é toda formada de lavas que esfriaram e viraram pedra?

— Sim — respondeu o avô. Só que nem todas as lavas vão se amontoando. Alguns tipos de lava são mais líquidos, surgindo na planície e se esparramando pelo chão, formando uma espécie de lago de lava. Nesse caso, em vez de vulcão, falamos em derrame. Há uma pedra preta, muito dura, usada para ornamentar as calçadas, que se chama basalto, e é retirada desses derrames de lavas.

— E aí também há explosões, pedaços de rochas atirados longe? — quis saber o menino.

— Não. É como se, de repente, de um buraco no chão brotasse piche quente, espalhando-se sobre a terra e, depois de frio, formando o basalto.

— E no caso do doce de leite que a vovó derrama sobre a pia, forma a "rapadurinha de leite", que é muito gostosa! — exclamou Henrique, muito guloso.

Vovô Samuel sorriu.

— E onde existe essa rocha, o basalto? — perguntou Carolina.

— Aqui mesmo, no Brasil, há uma formação geológica com um dos maiores derrames de basalto de todo o mundo. É um lençol de rocha escura que se estende desde o Rio Grande do Sul até o estado de São

Paulo. Esse lençol é tão grande que chega a ter mais de 700 metros de espessura, e continua na África!

— Isso mostra que os dois continentes já estiveram juntos como você nos contou, vovô? Quis saber Carolina, cada vez mais interessada.

— Isso mesmo — concordou o avô. — Hoje, grande parte desse basalto está decomposta. Ele foi transformado, por ação das chuvas e dos seres vivos, em um dos solos mais ricos que possuímos, chamado terra-roxa, onde se planta o café.

— Que interessante! Mas ainda se pode ver a rocha como ela era antes da decomposição?

— Sim. Em muitos barrancos, nas estradas de São Paulo, do Paraná ou do Rio Grande do Sul, elas podem ser vistas. E são muito usadas no calçamento de ruas ou nas calçadas, geralmente combinadas com pedras mais claras, formando desenhos.

HISTÓRIAS DE VULCÕES

No dia seguinte, havia muita coisa, ainda, para falar sobre os vulcões. Henrique, sempre interessado no assunto, fez a primeira pergunta:

— Vovô, você já ouviu falar de cidades construídas dentro de vulcões? De vulcões apagados, claro, que não explodem mais!

— Já ouvi sim — respondeu o avô. — São os vulcões extintos, em que a bolha existente embaixo já esfriou e perdeu toda a pressão. Muitas vezes a cratera afunda, formando um buraco muito maior: uma espécie de panela gigantesca no meio da montanha. Aí pode se acumular água de chuva, formando um lago; ou pode aparecer uma planície, onde as pessoas acabam morando e construindo suas cidades. Poços de Caldas, no sul de Minas Gerais, é um exemplo de cidade situada no interior de uma dessas panelas. Um vulcão extinto há muitos milhões de anos.

— Mas perto dos vulcões que ainda têm atividade eu garanto que não mora ninguém! — arriscou Henrique.

— Aí é que você se engana! — disse o avô. — Há muitas aldeias, e até cidades, localizadas ao pé desses vulcões.

Você sabia?
Também conhecidas como "espuma de lava", as cinzas vulcânicas são formadas por partículas de rochas e minerais. Em junho de 2011, um vulcão chileno entrou em erupção nos Andes, lançando nuvens de cinzas que, carregadas pelo vento, atingiram a Argentina. Centenas de voos foram cancelados e diversas plantações foram arrasadas, áreas urbanas e rurais de várias cidades foram prejudicadas.

— Mas não é perigoso, vovô? — perguntou Carolina, preocupada.

— Claro que é. Muitas vezes as pessoas desses povoados são obrigadas a sair às pressas, quando o vulcão entra em atividade. E há casos de cidades que foram inteiramente destruídas.

— Mas isso é muito difícil de acontecer, não é, vovô? — indagou Henrique, curioso.

— Não muito. Já aconteceu diversas vezes ao longo da história. O exemplo mais famoso ocorreu no ano 79 depois do nascimento de Cristo em duas cidades situadas junto ao vulcão Vesúvio. Uma delas, chamada Herculano, foi totalmente inundada por uma onda de lama, que escorreu do Vesúvio logo que ele entrou em erupção. Essa lama havia se acumulado lá dentro durante os anos em que o vulcão estivera inativo. Nessa mesma ocasião, outra cidade, Pompeia, foi soterrada pelas cinzas lançadas.

Você sabia?

A cidade de Pompeia foi descoberta por um agricultor que, sem saber, trabalhava sobre as terras da cidade soterrada e descobriu o muro de uma construção que havia sido petrificada pelas lavas do vulcão Vesúvio. Nos séculos seguintes, arqueólogos descobriram casas, prédios públicos e muitos objetos que revelaram importantes aspectos culturais dessa cidade.

— Cinzas? — perguntou Carolina, surpresa. — Mas era tanta cinza assim, que deu para cobrir a cidade?

— Era sim. Os vulcões lançam às vezes milhares de toneladas de cinzas. Como o vento soprava na direção de Pompeia, todo esse material se acumulou sobre a cidade. Uma verdadeira chuva de cinzas soterrou todas as ruas, casas, pessoas...

— E morreram todos? — espantou-se Henrique.

— Sim. Muitos séculos depois, a cidade foi redescoberta, por acaso, a vários metros de profundidade. Com a escavação da área, foram aparecendo casas, ruas e pessoas que morreram soterradas. Alguns corpos deixaram a imagem gravada na cinza endurecida, como se fosse um molde de argila.

Carolina ficou pensativa. Depois disse:

— É, vovô... eu não entendo por que as pessoas continuam morando nesses lugares.

— Há uma razão muito importante — explicou o avô. — É que essas cinzas e as próprias lavas são muito ricas em sais minerais, formando solos extremamente férteis. As aldeias e cidades, principalmente as cidades antigas, quando os meios de transporte eram difíceis, tinham de localizar-se perto de regiões que produzissem alimentos. Por isso, mesmo quando eram obrigados a se afastar, os lavradores acabavam voltando para essas regiões, porque o solo tornava-se mais fértil a cada erupção.

Henrique não tinha muita paciência com explicações longas, mas queria saber mais sobre vulcões:

— Eu ouvi falar de um vulcão no meio do mar.

— Existem muitos, inclusive embaixo da água — confirmou o avô. — Muitas das ilhas do Oceano Pacífico são vulcões — extintos ou não. Às vezes existem vários juntos, formando um arquipélago, que é um conjunto de ilhas.

— Mas quando os vulcões não estão extintos não mora ninguém na ilha, não é vovô? — perguntou Carolina ainda assustada com o perigo de se viver próximo a um vulcão.

— Não é bem assim — ponderou o avô. — Você já ouviu falar do Havaí?

— Não acredito! — exclamou Henrique, que adora surfar. — No Havaí existem vulcões ativos?

— Sim — respondeu o avô, achando graça. — Os mais famosos, e mais ativos, são o Mauna Loa e o Kilauea, mas existem outros vulcões no Havaí que ainda não podem ser considerados extintos.

— Mas todas as ilhas e arquipélagos são formados por vulcões? — interrompeu Henrique.

— Não, nem todas. A maioria das ilhas são picos de montanhas que existem no fundo do mar. E há também as ilhas de coral, muito comuns no Oceano Pacífico...

— Coral é aquela pedra vermelha usada para fazer colares? — quis saber Carolina.

— Sim... mas na verdade não são pedras, e muitos corais não são vermelhos! São fabricados por uns bichinhos minúsculos. Do mesmo modo como os mariscos fabricam suas conchas, esses bichinhos fazem suas casinhas em forma de tubos, que vão se ramificando como galhos de uma árvore. Reproduzem-se aos milhões e chegam a formar grandes ilhas sobre as rochas que ficam logo abaixo do nível do mar. Essas ilhas de corais podem ser pouco a pouco colonizadas por plantas e acabar tendo o aspecto de uma ilha normal, com vegetação e fauna próprias, como a Grande Barreira de Corais, na Austrália.

Você sabia?
Fernando de Noronha pertence ao Estado de Pernambuco. É um arquipélago situado no Oceano Atlântico (na altura da costa do Rio Grande do Norte). Possui 21 ilhas e ilhotas e forma um Parque Nacional com espécies específicas daquela região.

OUTROS SEGREDOS E RIQUEZAS DA TERRA

Você sabia?
As marés podem ser previstas. A altura e a hora das marés são dados importantes para a pesca, navegação e outras atividades que ocorrem no litoral. Todos esses dados são divulgados para os principais portos do Brasil na Tábua de Marés.

No dia seguinte, logo ao nascer do Sol, vovô foi para a praia, levando as duas crianças, seu livro e sua cadeira. Enquanto caminhavam, Carolina foi comentando:

— Hoje vou construir de novo meus morros, vulcões, rios, lagos e tudo o mais. Só que bem longe da água, para a maré não destruir tudo.

— Isso mesmo — disse vovô, sorrindo. — Só que hoje a maré virá quase uma hora mais tarde. Todos os dias ela atrasa cerca de cinquenta minutos!

— Por quê? — perguntou Henrique.

— Vocês já sabem que é a Lua que atrai a água do mar, causando a subida da maré. Mas como a Lua aparece no céu cada dia um pouco mais tarde, a maré também muda seu horário a cada dia.

— Ah! — exclamou o menino. — Então é por isso que na semana passada a maré estava lá embaixo depois do almoço e agora, na mesma hora, ela chega a bater no barranco!

— Pois é isso — concordou o avô. — Na Lua cheia, como hoje, a maré será máxima só às duas horas; amanhã será quase às três, e assim por diante. Quando chegar a quarto minguante, daqui a sete dias, ela estará alta às oito da manhã, ou da noite. Os pescadores conhecem bem essas variações, por isso olham a Lua antes de ir pescar, para escolher a melhor hora...

— É... mas ainda assim... é melhor se prevenir — disse a menina. — Vou fazer minhas ilhas, minhas montanhas e meus vulcões bem no alto, longe da água!

Henrique ainda tinha algumas dúvidas:

— É muito importante mesmo a gente saber tudo isso sobre vulcão, montanha, solo, subsolo?

O avô gostou da pergunta.

— É muito importante, sim, e por várias razões. Primeiro, porque é sempre necessário conhecermos a casa onde moramos.

— Não entendi! Que casa? — perguntou o menino, curioso.

— A Terra, ora essa. Todos nós habitamos essa grande casa, que é o nosso globo terrestre — explicou vovô. — Nós precisamos conhecê-la bem, saber todos os seus segredos, para não termos surpresas de vez em quando.

— Ah, já entendi — exclamou Carolina. — Saber quando é que a maré vai subir, para não arrasar as nossas construções de areia...

— Ou carregar os chinelos do vovô — brincou Henrique, com uma gargalhada.

O avô também riu.

— É... isso mesmo. Mas há coisas mais graves do que nossos chinelos. Por exemplo, os terremotos!

— É possível prever os terremotos? — indagou Carolina.

— Prever, ainda não... Pode-se apenas ter uma ideia, observar alguns sinais da possibilidade de acontecer um tremor, mas não se sabe exatamente quando ele vai acontecer nem qual vai ser a sua intensidade. Mas é possível medi-lo.

— E como se mede um terremoto? — quis saber Henrique.

— Existem aparelhos muito sensíveis para isso: são os sismógrafos.

— Que nome esquisito... — estranhou o menino.

— São aparelhos que medem os sismos, que são os tremores de terra e terremotos. Todas as cidades sujeitas a esse tipo de trepidação possuem sismógrafos para assinalar a sua ocorrência, mesmo quando são tão fracos que não dá para senti-los. Isso tem ajudado a salvar a vida e as propriedades de milhares de pessoas quando, por exemplo, o tremor é devido a um vulcão que vai entrar em atividade!

Assim que chegaram à praia, o avô iniciou sua leitura, e as crianças logo foram mexer na areia. Começaram a cavar um buraco profundo.

Você sabia?
O sismógrafo foi inventado no ano de 132, na China, por Chang Heng.

De repente Carolina exclamou:

— Já sei, vovô, qual é a outra razão importante para a gente conhecer a Terra por dentro: é descobrir ouro, prata...

— Isso mesmo, Carolina. Descobrir minérios, substâncias minerais que são úteis à vida e ao trabalho do homem. Não só ouro e prata, mas também outros metais sem os quais não podemos viver hoje em dia. Por exemplo: o ferro, o alumínio, o cobre...

— O que mais tem dentro da Terra? — perguntou Henrique.

— Os nitratos e fosfatos, substâncias importantes para a fabricação de adubos; o carvão de pedra e o petróleo, combustíveis indispensáveis para a produção de energia. O petróleo é a base para a fabricação dos plásticos e de muitos outros produtos que conhecemos.

— E como o petróleo foi parar lá embaixo? — indagou Carolina.

— Bem, o petróleo foi formado pela decomposição lenta de plantas e outros seres vivos, geralmente microscópicos, há milhões e

Você sabia?
A palavra de origem latina *petroleum* pode ser dividida em dois pedacinhos: *petra* = pedra e *oleum* = óleo, sendo assim "óleo de pedra". Ele é uma substância oleosa, inflamável, com cheiro característico e cor que varia entre castanho, verde--escuro a preto.

milhões de anos. Esses seres viviam em grandes mares rasos ou pântanos, onde foram soterrados sem a presença de ar. Aos poucos, as gorduras e outras substâncias existentes nos corpos desses seres minúsculos foram se acumulando e formando o óleo que hoje encontramos quando cavamos um poço profundo nesses lugares. São grandes depósitos em forma de bolsões embaixo da terra e, muitas vezes, sob o mar.

— E o que mais existe de importante no interior da Terra? — quis saber Henrique.

O avô sorriu:

— Vocês não adivinham? Pois há uma coisa, a mais importante de todas, mas que a gente sempre esquece. Acho que a Carolina logo vai encontrar esse rico minério no poço que começou a cavar.

— Água! — exclamou Carolina, quase toda enfiada no buraco feito na areia.

— Aí está: é a água. Aqui, perto do mar, vocês encontram água a cerca de um metro de profundidade, mesmo lá perto do barranco, onde as ondas quase nunca chegam. E essa água é meio salgada. Mas, bem distante da praia, podemos encontrar água doce a cinco ou dez metros de profundidade.

— E para que isso? Não é melhor a água da torneira? — perguntou o menino.

Vovô Samuel riu:

— Você pensa que as torneiras sempre existiram? A água que sai da torneira vem de algum rio ou de um poço! Para você, que só precisa abrir a torneira para ter água de boa qualidade, isso pode não ser importante. Mas imagine um lugar longe dos rios, onde às vezes não chove por mais de um ano!

— Mas existe lugar assim? — quis saber Henrique.

— Sim, existe — informou vovô. — No sertão, por exemplo, quando fica muito tempo sem chover, os rios secam completamente.

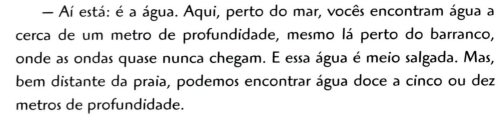

E não é só no sertão que os poços são importantes. Há muitas cidades, no Brasil todo, onde a água que sai das torneiras é retirada de poços, não de rios!

Henrique ficou muito admirado com as coisas que o vovô estava ensinando. Devia ser bem interessante conhecer todas essas rochas, vulcões, montanhas ou cavar a terra em lugares certos, à procura de pedras preciosas e de minérios.

— E quem é que estuda essas coisas todas? Existem especialistas em rochas, minérios, terremotos, vulcões, água subterrânea...? — perguntou Carolina.

— Sim, são os geólogos — explicou o avô. — Os cientistas que estudam a composição da Terra, seus movimentos e suas transformações. É uma das profissões mais antigas e importantes para o progresso da humanidade!

Henrique ouviu com atenção. Depois saiu com esta:

— É, vovô. Acho que eu não quero mais ser piloto de Fórmula 1. Vou ser geólogo. É mais interessante!

O avô concordou com um sorriso:

— Acho que você tem razão! É uma profissão fascinante e emocionante, também. O geólogo está sempre viajando, subindo montanhas altas ou penetrando em profundas cavernas para estudar as entranhas da Terra. Ele não se separa de sua bússola, de seu martelinho de quebrar pedras e de sua lente para observar cristais e fósseis...

— Fósseis? — perguntou Henrique, arregalando os olhos. — O que é isso?

— São animais e vegetais conservados e endurecidos nas rochas. Permanecendo por milhares de anos em lugares protegidos dos micróbios que provocam sua decomposição, a matéria de que eram feitos foi se transformando ou sendo substituída por outras. Depois de tanto tempo,

Você sabia?
O geólogo pode atuar na exploração de várias substâncias como o petróleo, o ferro e o carvão. Em missões espaciais, ele é o profissional que vai analisar o material coletado. Para ser geólogo é preciso gostar de matemática, física, química, biologia e também do contato com a natureza.

esses animais e vegetais transformados tornam-se petrificados, isto é, endurecem como pedra.

— Sim, eu já vi um! Meu tio tem um peixe de pedra em cima da sua mesa — contou Carolina.

— Pois é... Esses fósseis ajudam muito os estudiosos a entender o passado. Permitem até mesmo saber como era o clima há milhões de anos — completou o avô. Mas Henrique estava mesmo era interessado na "sua" profissão:

— É isso mesmo! Quero ser geólogo. Eu sempre me interessei muito em fazer pesquisas e descobertas.

O avô riu:

— Então vamos para casa fazer uma pesquisa muito interessante, lá na cozinha, e descobrir qual a receita de peixe que a vovó está preparando para o almoço. E, como se costuma dizer: "saco vazio não para em pé".

54

SAMUEL MURGEL BRANCO

Samuel Murgel Branco, conhecido e carinhosamente chamado de Prof. Samuel pelos professores e amigos, sempre foi um apaixonado pela natureza e desde cedo manifestou seu gosto pelo mar e pelas florestas ao pé da Serra do Mar, nas suas andanças pela cidade de Itanhaém, no litoral do estado de São Paulo.

Formou-se em História Natural e especializou-se em Biologia — ciência que estuda a vida em suas diversas formas — e trabalhou como professor e cientista em importantes instituições de ensino e de proteção ao meio ambiente, recebendo muitos prêmios ao longo de sua vida.

Ao se aposentar, passou a escrever livros sobre a natureza e o meio ambiente, especialmente para as crianças, a quem dedicou cerca de 50 títulos.

Títulos de Samuel Murgel Branco para crianças

Coleção Viramundo:
Aventuras de uma gota d'água
Carolina e o vento
Curupira e o equilíbrio da natureza
Florinha e a fotossíntese
Iara e a poluição das águas
O saci e a reciclagem do lixo
Passeio por dentro da Terra
Viagem ao mundo dos micróbios

Série HQ na Escola:
Uma aventura amazônica
Uma aventura no campo
Uma aventura no mar
Uma aventura no quintal